Orchestral Accompaniments for Highlights from

Johann Strauss'
Die Fledermaus

mmo

4075

Die Fledermaus

Music by
JOHANN STRAUSS, JR.

Libretto by
CARL HAFFNER
and
RICHARD GENÉE

after

LE RÉVEILLON

by

HENRI MEILHAC
and
LUDOVIC HALÉVY

DRAMATIS PERSONÆ:

GABRIEL VON EISENSTEIN, a man of private means .... *tenor buffo*
ROSALINDE, his wife .... *soprano*
FRANK, a prison governor .... *baritone*
PRINCE ORLOFSKY .... *mezzo-soprano*
ALFRED, his singing teacher, and Rosalinde's lover .... *tenor*
DR. FALKE, a notary .... *light baritone*
DR. BLIND, a lawyer .... *tenor buffo*
ADELE, Rosalinde's maid .... *soprano*
IDA, her sister .... *soprano*
YVAN, the Prince's valet .... *(speaking role)*
FROSCH, a jailer .... *(speaking role)*

Guests and servants of the prince

Setting: A spa town, near a large city

Music Minus One

4075

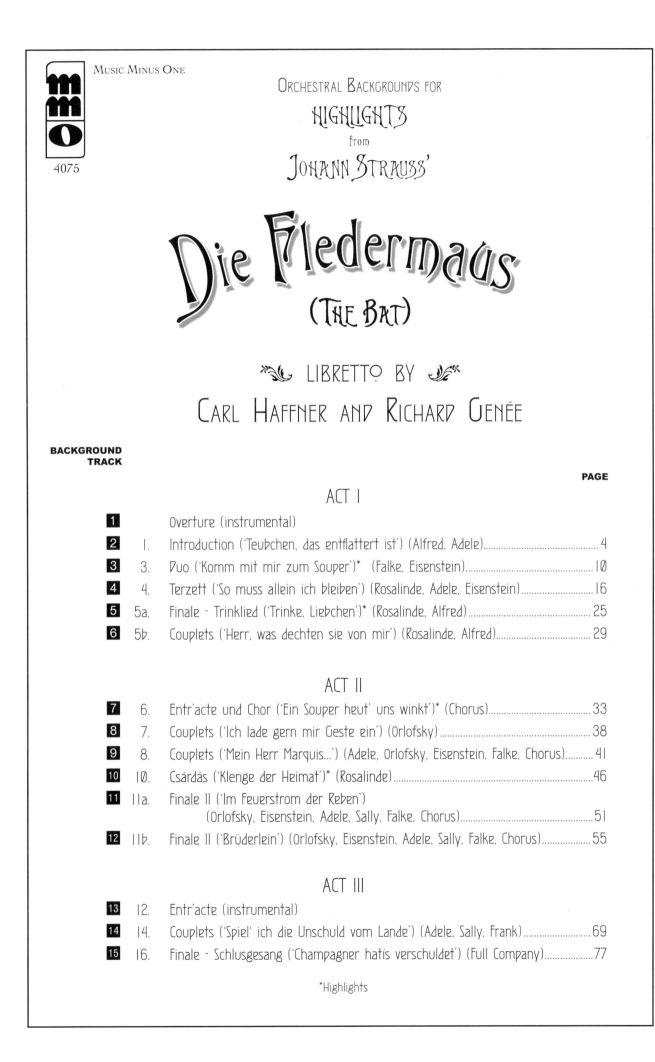

Orchestral Backgrounds for

Highlights

from

Johann Strauss'

Die Fledermaus

(The Bat)

LIBRETTO BY

Carl Haffner and Richard Genée

BACKGROUND TRACK **PAGE**

ACT I

1 Overture (instrumental)

2 1. Introduction ('Teubchen, das entflattert ist') (Alfred, Adele) 4

3 3. Duo ('Komm mit mir zum Souper')* (Falke, Eisenstein) 10

4 4. Terzett ('So muss allein ich bleiben') (Rosalinde, Adele, Eisenstein) 16

5 5a. Finale - Trinklied ('Trinke, Liebchen')* (Rosalinde, Alfred) 25

6 5b. Couplets ('Herr, was dechten sie von mir') (Rosalinde, Alfred) 29

ACT II

7 6. Entr'acte und Chor ('Ein Souper heut' uns winkt')* (Chorus) 33

8 7. Couplets ('Ich lade gern mir Geste ein') (Orlofsky) 38

9 8. Couplets ('Mein Herr Marquis...') (Adele, Orlofsky, Eisenstein, Falke, Chorus) 41

10 10. Csárdás ('Klenge der Heimat')* (Rosalinde) 46

11 11a. Finale II ('Im Feuerstrom der Reben') (Orlofsky, Eisenstein, Adele, Sally, Falke, Chorus) 51

12 11b. Finale II ('Brüderlein') (Orlofsky, Eisenstein, Adele, Sally, Falke, Chorus) 55

ACT III

13 12. Entr'acte (instrumental)

14 14. Couplets ('Spiel' ich die Unschuld vom Lande') (Adele, Sally, Frank) 69

15 16. Finale - Schlusgesang ('Champagner hatis verschuldet') (Full Company) 77

*Highlights

DIE FLEDERMAUS

No. 1 INTRODUCTION

2

Allegretto

Alfred

(Orchestra)

p

6

(hinter der Scene)
(behind the scene)

Täub chen, das ent-

pp

p

12

flat - tert ist, stil - le mein Ver - lan - gen!

cresc.

17

Täub - chen, das ich oft ge-küsst, lass dich wie - der fan - gen!

p

21
Al.
Täub - chen, hol - des Täub - chen mein, komm, o komm ge -
cresc.
p
26
Al.
schwin - de; sehn - suchts-voll ge - denk ich Dein. hol - de Ro - sa -
30
poco rit.
Al.
lin - de, sehn - suchts-voll ge - denk ich Dein. hol - de Ro - sa - lin - de!
Adele
(lachend mit einem offnen Briefchen in der Hand auftretend.)
(enters smiling, with an open letter in her hand.)
35
Allegro
a piacere
A.
ha, ha, ha, ha,
f

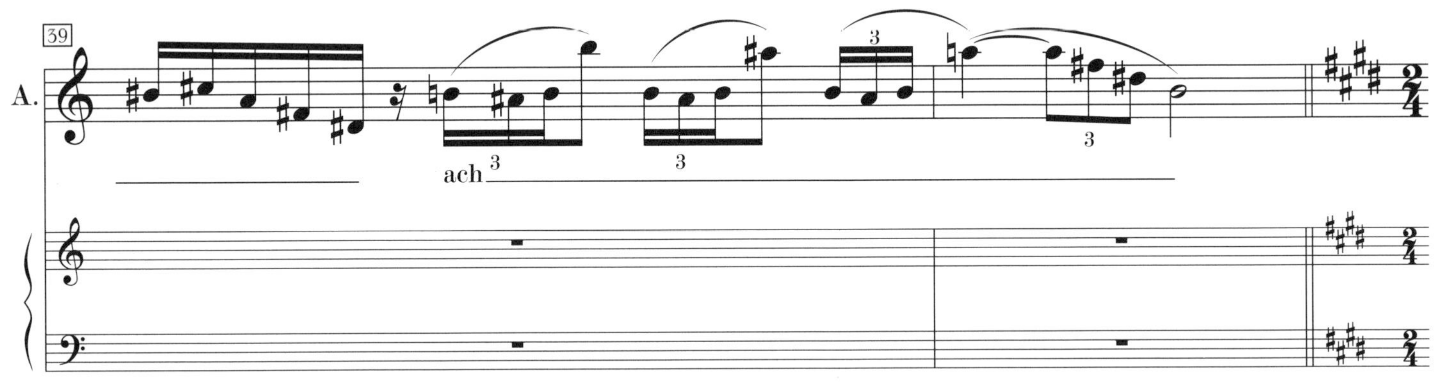
39
A.
ach

41
Allegretto moderato
rit.
A.
Da schreibt mei - ne Schwe - ster I - da, die ist nä - mlich beim Bal -
p
rit.

44
a tempo
(lesend)
(reading)
A.
let:
"Wir sind heut' auf ei - ner
a tempo
ppp

48
A.
Vil - la, wo es her - geht flott und

52
A.
nett. Prinz Or - lofs - ky, der rei - che Sui - tier, giebt heu-te A - bend dort ein
56
A.
grand Sou - per. Kannst du ei - ne To - i - let - te von dei-ner
59
A.
Gnäd'-gen an - e - xi - ren und e - le - gant dich prä - sen - ti - ren, so will ich
pp
63
poco rit.
a tempo
A.
gern dich ein dort füh - ren. Mach' dich frei nur und ich wet - te, du wirst
poco rit.
a tempo

67
A.
gut dich a-mü-si-ren; Lan-ge-wei-le giebt es nie da!" So schreibt mei-ne Schwes-ter
71
poco rit.
I - da! Ach, ich glaub's, ich zwei-fle nicht, wär' gar zu gern von der Par-
poco rit.
74
cresc.
thie; a-ber schwie-rig ist die G'schicht; könnt,' ich nur fort, wüsst' ich nur
78
Moderato
wie? Wüsst' ich nur wie? Ach! Wenn ich je - nes Taüb - chen wär,
rit.

82
A.
flie - gen könn - te hin und her, mich in Won - ne und Ver-gnü - gen
86
A.
in dem blau - en Ae - ther wie - gen, ach, wa-rum schufst du, Na-tur,
90
più lento
rit.
A.
mich zur Kam - mer - jung - fer nur? mich zur Kam - mer - jung - - - fer
più lento
p
rit.
94
a tempo
A.
nur!
a tempo
p

No. 3 DUO
(highlights)

Denn ich rechne darauf, dass Du von der Partie bist.
Because I'm counting on you being from the party.

17
F.
Dich mit Ro - sen - ket - ten, wenn die Pol - ka lock - end klingt;
21
rit.
F.
Freund - chen, glaub mir, das ver - jüngt, das ver - jüngt! Bei
rit.
25
F.
rau - schen - den Tö - nen im blen - den - den Saal mit
29
F.
hol - den Sy - re - nen beim Göt - ter - mahl, da flie - hen die
pp

33
F.
Stun - den in Lust und Scherz, da wirst Du ge - sun - den von al - lem Schmerz; soll
37
F.
Dir das Ge - fäng - niss nicht schäd - lich sein, musst
cresc.
p
cresc.
41
E.
Eisenstein
Das seh ich
F.
Du Et - was thun, Dich zu zer - streu'n; siehst Du das ein?
p
f
46
E.
ein! Das seh ich ein!
F.
Siehst Du das ein? Siehst Du das ein?
fz

51
Allegro non troppo
E.
Ein Sou - per uns heu - te winkt,
ff
p
56
wie noch gar keins da - ge - we - sen, schö - ne Mäd - chen, aus - er - le - sen;
60
zwang - los dort man lacht und singt! La la la la la la la
F.
Ein Sou - per uns heu - te winkt,
cresc.
64
la la la la la la la hüb - sche Mäd - chen aus - er - le - sen;
wie noch gar keins da - ge - we - sen, hüb - sche Mäd - chen, aus - er - le - sen:

68
E.
f
zwang - los dort man lacht und singt!
F.
f
zwang - los dort man lacht und singt! La la la la la la la la la la
mf
p
72
E.
la la la la la la la la la la la la la la la
F.
la la la la la la la la la la la la la la la la la la la la la la la la la
77
E.
la la la la la la la la la la la la la la la la la la la la
F.
la la la la la la la la la la la la la la la la la la la la
f

81
accel.
E.
la la la la la la la la la la la la la la la la la la la
F.
la la la la la la la la la la la la la la la la
accel. e cresc.
85
la la la la la la la la la la la
la la la la la la la la la la
ff
89

No. 4 TERZETT

Probieren Sie es nur. Vielleicht geht's doch!
Just try it. Maybe it will work after all!

21
R.
Dein ge - den - ken des Mor - gens beim Kaf - fee, wenn ich Dir ein will schen - ken, die
p
24
R.
cresc.
mf
lee - re Tas - se seh; kann kei - nen Gruss Dir win - ken, aus Jam - mer werd' ich
cresc.
27
R.
fz
g'wiss ihn schwarz und bit - ter trin - ken, ach! O
Adele
A.
O
Eisenstein
(schluchzend)
(sobbing)
fz
E.
O Gott, wie rührt mich dies! O
p

31
Allegro moderato
R.
Gott, wie rührt mich dies! O je, o je, wie rührt mich dies, o
A.
Gott, wie rührt mich dies! O je, o je, wie rührt mich dies, o
E.
Gott, wie rührt mich dies! O je, o je, wie rührt mich dies, o
Allegro moderato
pp
36
R.
je, o je, wie rührt mich dies, o je, o je, wie rührt mich dies, o
A.
je, o je, wie rührt mich dies, o je, o je, wie rührt mich dies, o
E.
je, o je, wie rührt mich dies, o je, o je, wie rührt mich dies, o
40
R.
je, wie rührt mich dies! La la la la la
A.
je, wie rührt mich dies! O je, o je, wie rührt mich dies, o je, o je, wie
E.
je, wie rührt mich dies! O je, o je, wie rührt mich dies, o je, o je, wie
mf
cresc.

45
R.
A.
E.
la la la Wo
rührt mich dies! O je, o je, wie rührt mich dies, o je, wie rührt mich
rührt mich dies! O je, o je, wie rührt mich dies, o je, wie rührt mich
50
Tempo I
cresc.
string.
bleibt die trau-te Grup-pe, kommt Mit-tag dann her - an? Zum Rind-fleisch wie zur
string.
55
Meno mosso
dolce
Sup-pe, zum Bra-ten kei-nen Mann! Und sinkt der nächt'-ge Schlei-er
cresc.
60
agitato
giebts wie-der mir'-nen Riss, mein Schmerz wird un-ge-heu - - - - - -
accel.

Allegro moderato
R.
er! O je, o je, wie rührt mich dies, o je, o je, wie rührt mich dies, o
A.
O je, o je, wie rührt mich dies, o je, o je, wie rührt mich dies, o
E.
O je, o je, wie rührt mich dies, o je, o je, wie rührt mich dies, o
Allegro moderato
R.
je, o je, wie rührt mich dies, o je, wie rührt mich dies! La la
A.
je, o je, wie rührt mich dies, o je, wie rührt mich dies! O je, o je, wie
E.
je, o je, wie rührt mich dies, o je, wie rührt mich dies! O je, o je, wie
R.
la la la la la la
A.
rührt mich dies, o je, o je, wie rührt mich dies! O je, o je, wie rührt mich dies, o je, wie rührt mich
E.
rührt mich dies, o je, o je, wie rührt mich dies! O je, o je, wie rührt mich dies, o je, wie rührt mich
cresc.

81
G.P.
E.
Was soll das Kla - gen from - men? Den Kopf ver - lier' ich
G.P.
p
87
R.
Mein Kopf ist ganz be - nom - men.
(Die Schlüssel mit Schweinskopf nehmend)
(taking the keys with the pighead)
A.
Den mei - nen hab ich hier!
E.
sicher!
Leb'
93
R.
Leb wohl, er muss nun gehen, doch bleibt ein
f
A.
Leb wohl, er muss nun gehen, doch bleibt ein
f
E.
wohl, ich muss nun ge - hen!
Doch bleibt ein Trost
f

98
R.
Trost so süss!
A.
Trost so süss!
Es
E.
so süss!
ff
f
104
Maestoso
R.
Es
A.
giebt ein Wie - der - sehn! Es giebt ein Wie - der - se - hen! Es
E.
Es
Maestoso
mf
108
R.
giebt ein Wie - der - schen, o Gott, wie rührt mich dies! o
A.
giebt ein Wie - der - sehn! O
E.
giebt ein Wie - der - schen, o Gott, wie rührt mich dies!
f
ff

111
Allegro moderato
R.
Gott, wie rührt mich dies! O je, o je, wie
A.
Gott, wie rührt mich dies! O je, o je, wie
E.
O Gott, wie rührt mich dies! O je, o je, wie
Allegro moderato
114
R.
rührt mich dies, o je, o je, wie rührt mich dies, o je, o je, wie
A.
rührt mich dies, o je, o je, wie rührt mich dies, o je, o je, wie
E.
rührt mich dies, o je, o je, wie rührt mich dies, o je, o je, wie
118
R.
rührt mich dies, o je, wie rührt mich dies! La la
A.
rührt mich dies, o je, wie rührt mich dies! O je, o je, wie
E.
rührt mich dies, o je, wie rührt mich dies! O je, o je, wie

122
R.
la
la
la
la
la
A.
rührt mich dies, o je, o je, wie rührt mich dies! O je, o je, wie
E.
rührt mich dies, o je, o je, wie rührt mich dies! O je, o je, wie
cresc.
126
la
la
la
rührt mich dies, o je, wie rührt mich dies, wie rührt mich dies, wie rührt mich
rührt mich dies, o je, wie rührt mich dies, wie rührt mich dies, wie rührt mich
130
la
dies, wie rührt mich dies.
(Eisenstein tanzt ab. Adele folgt).
(Eisenstein leaves dancing. Adele follows him).
dies, wie rührt mich dies.

No. 5 FINALE
(highlights)

Also trinken wir und singen wir dazu!
Let's drink and sing to that!

23
Al.
rit.
die Dir einst Dein Herz er - frent, giebt der Wein Dir Trö - stung schon durch Ver - ges - sen -
fz
pp
28
a tempo
dolce
heit!
Glück - lich ist, wer ver - gisst, was doch nicht zu
p
34
rit.
a tempo
än - dern ist; glück - licht ist, wer ver - gisst, was nicht zu än - dern ist. Kling, kling, sing, sing, sing,
colla parte
40
Rosalinde
R.
Ach, was
trink mit mir, sing mit mir, la la la la la la Sing, sing, sing, trink mit mir, sing mit mir,
più f

46
R.
thut man hier? Glück-lich ist, wer ver-gisst, was doch nicht zu än-dern ist! Glück-lich ist,
Al.
sing, sing, sing. Glück-lich ist, wer ver-gisst, was doch nicht zu än-dern ist! Glück-lich ist,
52
rit.
a tempo
wer ver-gisst, was nicht zu än - dern ist!
wer ver-gisst, was nicht zu än - dern ist!
colla parte
58
(für sich)
(to herself)
Er geht nicht von hin-nen, schläft hier wohl noch ein; was soll ich be-gin-nen? Nein, nein, nein,
Stoss an!

62
R.
nein, nein, nein, nein, nein!
Al.
Stoss an! Ach!
Trin-ke, Lieb-chen, trin-ke schnell,
p
67
Al.
trin-ken macht die Au-gen hell! Mach' doch nur kein bös' Ge-sicht, sei hübsch lu-stig, grol-le nicht!
un poco meno mosso
73
Al.
Brachst Du ein-mal auch die Tren, das sei Dir ver-zieh'n; schwö-re wie-der mir auf's Nen',
Tempo I
79
Al.
und ich glaub'-es kühn! Glück-lich macht uns Il-lu-sion, ist auch kurz die gan-ze Freud;
fz
pp

85
R.
Al.
rit.
a tempo
Ach!
sei ge-trost, ich glaub Dir schon und bin glück-lich heut.
fz pp
91
p
Glück-lich ist, wer ver-gisst, was doch nicht zu än-dern ist! Glück-lich ist,
mf
8va
96
rit.
a tempo
wer ver-gisst, was nicht zu än-dern ist!
colla parte
f
103
6
Couplets
Allegretto moderato
1. Mein Herr, was däch - ten Sie von mir, säss ich mit ei - nem
2. ei - nem Pa - scha fan-den Sie ihn mir im Schlaf-rock
pp

108
R.
Frem-den hier, das wär doch son-der - bar! Mit sol - chen Zwei - feln
vis à vis, die Mü-tze auf dem Haupt. Dass man bei sol - chem
f
p
114
R.
tre-ten da Sie wahr-lich mei-ner Ehr' zu nah; be - leid' - gen mich für
Bil-de noch ein we - nig zwei-feln könn-te doch das hätt' ich nie ge -
120
R.
wahr. Spricht denn die - se Si - tua - tion hier nicht klar und deu-tlich schon? Mit
glaubt. Se - hen Sie doch, wie er gähut, wie er sich nach Ru - he sehnt. Im
p
pp
126
Tempo di Valse, Moderato
R.
mir so spät im tète à tète ganz trau - lich
tète à tète mit mir so spät schlief er bei

131
R.
und al - lein, in dem Co - stüm so ganz in - tim kann
nah schon ein; so en - nü - yirt und so bla - sirt kann
cresc.
138
R.
nur al - lein der Gat - te sein!
nur al - lein ein Eh - mann sein.
Al.
Mit ihr so spät im tète à
Im tète à tète mit ihr so
F.
Mit ihr so spät im
Im tète à tète mit
pp
145
R.
ganz trau - lich und al - lein, in dem Co - stüm so
schlief er bei - nah schon ein, so en - nü - yirt und
Al.
tète ganz trau - lich und al - lein, in dem Co - stüm
spät schlief ich bei - nah schon ein, so en - nü - yirt
F.
tète à tète ganz trau - lich und al - lein, in dem Co - stüm
ihr so spät schlief er bei - nah schon ein, so en - nü - yirt

152
R.
ganz in - tim kann nur al - lein der Gat - - - - te
so bla - sirt kann nur al - lein ein Eh - - - - mann
Al.
so ganz in - tim kann nur al - lein der Gat - - - - te
und so bla - sirt kann nur al - lein ein Eh - - - - mann
F.
so ganz in - tim kann nur al - lein der Gat - - - - te
und so bla - sirt kann nur al - lein ein Eh - - - - mann
cresc.
mf
ff
158
1.
sein!
sein!
sein!
sein.
sein!
sein.
p
165
Tempo I
2. Gleich
2.
sein!
sein!
sein!
pp
ff

ZWEITER AKT
No. 6 ENTREACT und CHOR
(highlights)

29
winkt, wie noch gar keins da - ge - we - sen! De - li - cat, au - ser - le - sen im - mer
winkt, wie noch gar keins da - ge - we - sen! De - li - cat, au - ser - le - sen im - mer
winkt, wie noch gar keins da - ge - we - sen! De - li - cat, au - ser - le - sen im - mer
p
f
p
34
hier man speist und trinkt. Al - les was mit Glanz die Räu - me füllt, er - scheint uns wie ein
hier man speist und trinkt. Al - les was mit Glanz die Räu - me füllt, er - scheint uns wie ein
hier man speist und trinkt. Al - les scheint ein
p
mf
39
Traum - ge - bild! wie in ei - nen Zau - ber - kreis ge - bannt, ruft Al - les: ha, char -
Traum - ge - bild! wie in ei - nen Zau - ber - kreis ge - bannt, ruft Al - les: ha, char -
Traum - ge - bild! Ja - der ruft: char -

43
pp poco rit.
a tempo
f
mant! Ja, char - mant, a - mü - sant, ja, char - mant, a - mü - sant, a - mü - sant! Ein Sou -
mant! Ja, char - mant! wie a - mü - sant! Ein Sou -
mant! wie a - mü - sant! Ein Sou -
p poco rit.
48
per heut uns winkt, wie noch gar keins da - ge - we - sen! De - li - cat, aus - er -
p
f
53
Molto animato
le - sen im - mer hier man speist und trinkt.
accelerando

58
ff Vivo
Wie flie - hen schnell die Stun - den fort, die
63
Zeit wird si - cher Kei - nem lang; es heisst ja
68
hier das Lo - sungs - wort: A - müs' - ment, A - müs' - ment, A - müs' -
pp
fz

73
ment, nur A - müs' - ment! Es heisst ja hier das Lo - sungs -
78
wort: A - müs' - ment, A - müs' - ment, A - müs' - ment, nur A - müs' - ment!
83
A - müs' - ment! A - müs' - ment!

No. 7 COUPLETS

Ich muss Sie... mit meinen nationalen Eigentümlichkeiten bekannt machen.
I must ... acquaint you with my national peculiarities

8
Allegro non troppo
Orlofsky
(Orchestra)
p
p marcato
Ich
Wenn
la - de gern mir Gä - ste ein man lebt bei mir recht_ fein, man
ich_ mit An - dern sitz beim Wein und Flasch' um Fla - sche_ lerr; muss
un - ter - hält sich wie man mag, oft bis zum hel - len_ Tag. Zwar
Je - der mit mir dur - stig sein, sonst wer - de grob ich_ sehr. Und
lang - weil ich_ mich stets_ da - bei, was man auch treibt und spricht; in -
schen - ke Glas_ um Glas_ ich ein duld ich nicht Wi - der - spruch; nicht

17
poco meno
dess was mir als Wirth steht frei, duld ich bei Gä - sten nicht. Und
lei - den kann ich's, wenn Sie schrein: ich will nicht hab' ge - nug! Wer
poco meno
21
marcato
se - he ich, es en - nü - yirt sich Je - mand hier bei mir, so
mir beim Trin - ken nicht pa - rirt, sich zie - ret wie ein Tropf, dem
p
marcato
25
pack ich ihn ganz un - ge - nirt, werf ihn hin - aus zur Thür, so
wer - fe ich ganz un - ge - nirt die Fla - sche an den Kopf, dem
29
pack ich ihn ganz un - ge - nirt, werf ihn hin - aus zur Thür.
wer - fe ich ganz un - ge - nirt die Fla - sche an den Kopf.
Und
pp

33
poco rit.
fra - gen sie, ich bit - te, wa - rum ich das denn thu, wa -
poco rit.
37
a tempo
rum ich das denn thu? s'ist mal bei mir so Sit - te, cha - cun à son
a tempo
42
cresc.
goùt! s'ist mal bei mir so Sit - te, cha - cun à son goùt!
cresc.
f
47
1.
Dialog
2.
1.
f
2.
f

No. 8 COUPLETS

(highlights)

24
zier-lich und klein, ach,___ die Spra-che, die ich füh-re, die
let-te nur an, ach,___ Mir schei-net wohl, die Lie-be macht
cresc.
29
rit. a tempo
f
Tai-le, die Tour-nü-re, der-glei-chen fin-den Sie bei ei-ner Zo-fe
Ih-re Au-gen trü-be, der schö-nen Zo-fe Bild hat ganz Ihr Herz er-
mf
34
nie, der-glei-chen fin-den Sie bei ei-ner Zo-fe nie! Ge-
füllt, der schö-nen Zo-fe Bild hat ganz Ihr Herz er-füllt! Nun
39
cresc. e rit.
ste-hen müs-sen Sie für-wahr: sehr ko-misch
se-hen Sie sie ü-ber-all, sehr ko-misch
pp
cresc. e rit.

44
p a tempo
die - ser Irr - thum war!
ist für - wahr der Fall!
Ja sehr ko - misch, ha ha ha, ist die Sa - che,
a tempo
p
50
ha ha ha, drum ver - zeihn Sie, ha ha ha, wenn ich la - che, ha ha ha ha ha ha,
55
f
Ja sehr ko - misch, ha ha ha, ist die Sa - che, ha ha ha, ha
CHOR
p
cresc.
Ja sehr ko - misch, ha ha ha, ist die Sa - che, ha ha ha, ha ha ha
p
cresc.
Ja sehr ko - misch, ha ha ha, ist die Sa - che, ha ha ha, ha ha ha
p
cresc.
Ja sehr ko - misch, ha ha ha, ist die Sa - che, ha ha ha, ha ha ha
cresc.

60
p
tr
1.
ha
ha
sehr
ko - misch, Herr Mar -
f
ha ha ah
ha ha ha
ha!
ha ha ah
ha ha ha
ha!
ha ha ah
ha ha ha
ha!
1.
f
p
colla parte
fp
66
a tempo
quis, sind Sie
a tempo
f
p
74
2.
tr
Ach!
2.
p
fz

80
85
tr
f
ha ha ha ha ha ha!
f
ha ha ha ha ha ha!
f
ha ha ha ha ha ha!
fz
ff
89

No. 10 CSÀRDÀS
(highlights)

Ja, die nationalen Töne meines Vaterlandes mögen für mich sprechen.
Yes, the native tunes of my fatherland could speak for me.

13
wie - der, mein Un - gar - land, zu dir! O Hei - mat so
cresc.
colla voce
p
pp
16
wun - der - bar, wie strahlt dort die Son - ne so klar, wie
19
accel.
rit.
grün dei - ne Wäl - der, wie la - chend die Fel - der, o Land, wo so glück - lich ich war!
cresc.
f
p
Frischka
23
Brau - nes Mäg - de - lein, musst mei - ne Tänz'-rin sein; reich' den

28
Arm ge - schwind, dun - kel-än - gig Kind! Mit dem Sporn ge-klirrt,
33
wenn dann die Maid ver-wirrt senkt zur Erd' den Blick, das ver-kün - det
38
f
Glück! Durst' - ge Ze - cher, greift zum Be - cher,
f
p
fz
43
lasst ihn krei-sen, lass ihn krei - sen schnell von Hand zu Hand! Schlürft das
fz
fz

48
Feu - er im To - kay - er! bringt ein Hoch aus dem
fz
fz
53
tr
Va - ter - land! Ha!
f
58
rit.
rit.
f
p
64
a tempo
Feu - er, Le - bens - lust, schwellt äch - te Un - gar - brust, hei! zum
a tempo
p

69
Più Allegro
Tan - ze schnell! Csar - das tönt so hell! La la la la
Più Allegro
p
74
la la la la la la la la
80
tr
la la la
f
85
Lento
Allegro
ff
la la la la la
Lento
ff
ff
Allegro
ff

No. 11 FINALE II

(highlights)

Hoch die sprudelnde Majestät und ihre Untertannen! Hoch!
Long live his effervescent Majesty and his servants! Long live!

*) Durch das ganze Final
(through the whole Finale)

33
O.
E.
A.
Ma-je - stät wird an-er-kannt, an-er-kannt rings im Land; ju-belnd_wird Cham - pag - ner der
39
ROSALINDE, ADELE, ORLOFSKY
Er-ste_sie ge - nannt! Die Ma-je - stät wird an-er-kannt, an-er-kannt rings im Land;
EISENSTEIN
Die Ma-je - stät wird an-er-kannt, an-er-kannt rings im Land;
IDA with the I. Sopr.
Die Ma-je - stät wird an-er-kannt, an-er-kannt rings im Land;
FRANKE with the II. Ten.
Die Ma-je - stät wird an-er-kannt, an-er-kannt rings im Land;
FALKE with the I. Bass
Die Ma-je - stät wird an-er-kannt, an-er-kannt rings im Land;
CHOR
mf

45
R.
A.
O.
E.
1.& 2.
ju - belnd _ wird Cham - pag - ner, ja ___ ge - nannt. Es le - be Cham - pa - gner, der
ju - belnd _ wird Cham - pag - ner, der Er - ste ge - nannt. Es le - be Cham - pa - gner, der
ju - belnd wird Cham - pag - ner, der Er - ste ge - nannt. Es le - be Cham - pa - gner, der
50
(1. & 2.)
EISENSTEIN
Er - - - ste!
Vers 2. Der
ADELE
Vers 3. Dir

56
R.
A.
O.
3.
ja ge - nannt!
E.
Er - ste ge - nannt!
Er - ste ge - nannt!
Er - ste ge - nannt!
Er - ste ge - nannt!
3.
ff
65
12
Fa.
Allegretto moderato
FALKE
Brü-der lein,
Allegretto moderato
f
ff
mf
p
71
Fa.
Brü-der-lein und Schwes-ter-lein wol-len Al - le wir sein, stimmt mit mir

77
Fa.
ein! Brü-der-lein, Brü-der-lein, und Schwes-ter-lein lasst das trau - te

83
Fa.
"Du" uns schen - ken, für die E-wig-keit, im-mer so wie heut,
pp

89
rit.
Poco più animato
Fa.
wenn wir mor - gen noch d'ran den-ken! Erst ein Kuss,
rit.
Poco più animato
p

95
Fa.
dann ein Du, Du, Du, Du im-mer-zu!

101
Fa.
Erst ein Kuss,
dann ein Du, Du,
Du
107
decresc.. poco rit.
im - mer - zu,
im - mer - zu,
im - mer, im - mer -
poco rit.
Tempo I (Allegretto moderato)
ORLOFSKY
113
O.
Brü-der-lein, Brü-der-lein und Schwe-ster-lein wol - len Al - le wir sein, stimmt
EISENST.
E.
Brü - der - lein, Brü-der-lein und Schwes-ster-lein wol - len
FALKE u. FRANK
zu!
Brü - der - lein, Brü-der-lein und
Tempo I (Allegretto moderato)

119
ROSAL. & MEL.
R. M.
Brü - der - lein, Brü-der-lein und Schwe-ster-lein stim - met Al - le ein Al - le ein, lasst das
ADELE & IDA
A. I.
Brü - der - lein, Brü-der-lein und Schwe-ster-lein, lasst das
O.
mit ihm ein! stim - met Al - le ein, lasst das
E.
Al - le wir sein, stimmt! Al - - - - le mit ein!
Fa. Fr.
Schwe-ster-lein, stim - met Al - le mit ein, stimmt ein! Stimmt
Mi. Fa.Fe.
MINNIE, FAUSTINE, FELICITA
NATALIE, HERMINE, SABINE
Na. He.Sa.
ALI-BEY, RAMUSIN
Al. Ra.
MURRAY, CAPRICONI
Mu. Ca.

125
R.
M.
pp
trau - te Du uns schen - ken, für die E - wig - keit, im-mer
A.
I.
pp
trau - te Du uns schen - ken, für die E - wig - keit, im-mer
O.
pp
trau - te Du uns schen - ken, für die E - wig - keit, im-mer
E.
pp
Stim-met ein, stim-met ein, stim-met ein! Für die E - wig - keit,
Fa.
Fr.
pp
Al - - le ein! Für die E - wig - keit,
Mi. Fa.Fe.
pp
Na. He.Sa. Ja, stimmt ein! Für die E - wig - keit, im-mer
Al.
Ra.
Stim-met ein, stim-met ein, stim-met ein! Für die E - wig - keit,
Mu.
Ca.
Stimmt ein! Für die E - wig - keit,
CHOR
p
Stimmt ein, stimmt ein,
p
Stimmt ein, stimmt ein,
p
Stimmt ein, stimmt ein,
pp

131
R.
M.
cresc.
rit.
so wie heut, wenn wir mor - gen noch d'ran den - ken!
A.
I.
cresc.
rit.
so wie heut, wenn wir mor - gen noch d'ran den - ken!
O.
cresc.
rit.
so wie heut, wenn wir mor - gen noch d'ran den - ken!
E.
cresc.
rit.
im-mer so wie heut, wenn mor - gen wir d'ran den - ken!
Fa.
Fr.
cresc.
rit.
im-mer so wie heut, wenn wir mor-gen noch d'ran den - ken!
Mi. Fa.Fe.
cresc.
rit.
Na. He.Sa. so wie heut, wenn wir mor - gen noch d'ran den - ken!
Al.
Ra.
cresc.
rit.
im-mer wie heut, wenn wir mor - gen noch d'ran den - ken!
Mu.
Ca.
cresc.
rit.
im-mer so wie heut, wenn wir mor-gen noch d'ran den - ken!
rit.
stimmt ein, stimmt ein, stim-met Al - le ein, stim-met ein!
rit.
stimmt ein, stimmt ein, stim-met Al - le ein, stim-met ein!
rit.
stimmt ein, stimmt ein, stim-met Al - le ein, stim-met ein!
rit.
p

Animato
137
R. M.
A. I.
O.
E.
Fa. Fr.
Mi. Fa.Fe.
Na. He.Sa.
Al. Ra.
Mu. Ca.
Erst ein Kuss, dann ein Du, Du, Du, Du
Erst ein Kuss, dann ein Du, Du, Du, Du, Du, Du,
Animato
decresc.

143
R.
M.
A.
I.
O.
E.
Fa.
Fr.
Mi. Fa.Fe.
Na. He.Sa.
Al.
Ra.
Mu.
Ca.
pp
molto cresc.
im - mer - zu
erst ein Kuss,
dann ein Du,
Du,
Du, Du,
Du, Du,
cresc.
f cresc.

149
R.
M.
A.
I.
O.
E.
Fa.
Fr.
Mi. Fa.Fe.
Na. He.Sa.
Al.
Ra.
Mu.
Ca.
ff
rit.
pp
p
Du,

155
A tempo, animato
R.
M.
A.
I.
O.
E.
Fa.
Fr.
Mi. Fa.Fe.
Na. He.Sa.
Al.
Ra.
Mu.
Ca.
dui - du, dui - du, la la la la___ la, dui - du, dui - du,
dui - du, dui - du, la la la dui - du, dui - du,
dui - du dui - du la la la la___ la, dui - du dui - du
dui - du dui - du la la la, dui - du dui - du
A tempo, animato

161
R. M.
A. I.
O.
E.
Fa. Fr.
Mi. Fa.Fe.
Na. He.Sa.
Al. Ra.
Mu. Ca.
cresc.
la la la la la, dui - du, dui - du, la la la la la,
la la la la la dui - du, dui - du, la la la la la,
la la la la la dui - du, dui - du, la la la
la la la la la, dui - du dui - du la la la la la,
la la la la la dui - du dui - du la la la la la,
la la la la la dui - du dui - du la la la

Più lento
167
R.
M.
A.
I.
O.
E.
Fa.
Fr.
Mi. Fa.Fe.
Na. He.Sa.
Al.
Ra.
Mu.
Ca.
accel. e cresc.
la la la la la la la la la la la la
dui - du, dui - du, dui - du, dui - du, la la la la
Più lento

173
R.
M.
la la la la la la la la la
A.
I.
la la la la la la la la la
O.
la la la la la la la la la
E.
la la la la la la la la la
Fa.
Fr.
la la la la la la la la la
Mi. Fa.Fe.
Na. He.Sa.
la la la la la la la la la
Al.
Ra.
la la la la la la la la la
Mu.
Ca.
la la la la la la la la la
la la la la la la la la la
la la la la la la la la la la la
la la la la la la la la la la la
f
ff
Ped.

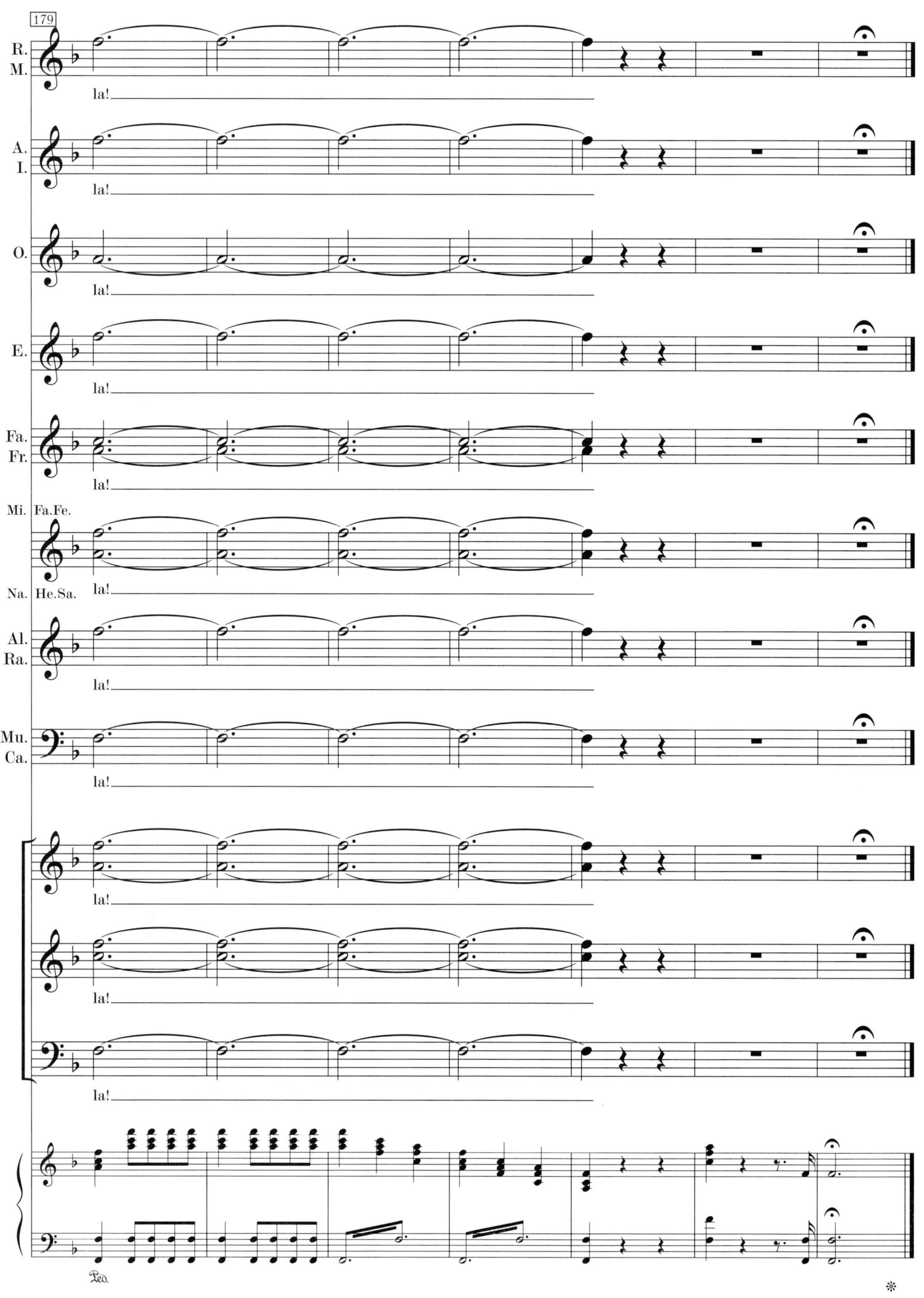
179
R.
M.
la!
A.
I.
la!
O.
la!
E.
la!
Fa.
Fr.
la!
Mi.
Fa.Fe.
la!
Na.
He.Sa.
Al.
Ra.
la!
Mu.
Ca.
la!
la!
la!
la!

No. 14 COUPLETS

Ob ich Talent habe–sonderbare frage!
Have I talent or not–an odd question!

21
A.
mei - nem Schür - zen - band; so fängt man d'Spat - zen auf dem Land. Und folgt er mir, wo-
tr
pp
p
26
A.
hin ich geh, sag' ich na-iv: "Sö Schlim - mer, Sö! Satz' mich zu ihm in's Gras so dann und
31
A.
fang' auf d'Letzt zu sin - gen an: La la la la la la la la la la la la la la
36
A.
la la la la la la la la la la la la la la la la

40
A.
la
la
la!
rit.
Wenn Sie
ppp
45
Meno mosso
ten.
più animato
das ge-sehn, müs-sen Sie ge-stehn, es wär' der Scha-den nicht ge - ring, wenn mit dem ta-lent, mit
cresc.
p
colla parte
50
rit.
Tempo di marcia
dem Ta-lent ich nicht zum The-a-ter ging!
Spiel' ich ei-ne Kö-ni-gin
f
animato
56
schreit' ich ma - je - stä - tisch hin,
ni-cke hier und ni-cke

60
A.
da, ja ganz, ach, in mei-ner Glo - ri - a! Al-les macht voll
p
65
Ehr-furcht mir Spa-lier; lauscht den Tö-nen mei - nes Sang's lä-chelnd ich das
fz
69
Reich und Volk re-gier, Kö - ni - gin par ex-cel-lenc' La la
IDA Die Trompete nachahmend.
Imitating the trumpet.
I.
Tra ta ta ta ta ta,
FRANK Die Trommel nachahmend.
Imitating the drum.
Fr.
Rem, pem, plem, pr r r r r r
cresc.
p

73
A.
la la la la la
la la la la
la la la
I.
tra ta ta ta ta ta,
tra ta ta ta ta ta,
tra ta ta ta ta ta,
Fr.
rem, pem, plem, pr r r r r r
rem, pem, plem, pr r r r r r
rem, pem, plem, pr r r r r r
fz
fz
76
cresc.
la la la la la la
tra ta ta ta ta ta,
tra ta ta ta ta ta,
rem, pem, plem, pr r r r r r
rem, pem, plem, pr r r r r r
cresc.
78
f
la la la la! Wenn Sie
f
tra ta ta ta ta ta,
tra ta ta ta ta ta!
f
rem, pem, plem, pr r r r r r
rem, pr r r r rem, pem, plem!
p
f

80
Meno mosso
ten.
più animato
A.
das ge-sehn, wer-den Sie ge-stehn, es wär' der Scha-den nicht ge - ring, wenn mit
Meno mosso
cresc.
più animato
colla parte
p
84
rit.
A.
dem Ta-lent, mit dem Ta-lent ich nicht zum The - a - ter ging!
rit.
f
animato
88
Allegretto grazioso
A.
Spiel' ich 'ne Da-me von Pa - ris, ach,
Allegretto grazioso
pp
93
A.
ach, die Gat - tin ei - nes Herrn Mar - quis, ach,

97
A.
ach, da kommt ein jun - ger Graf in's
102
A.
Haus, ach, ach, der geht auf mei - ne Tu - gend aus, ach!
107
A.
f
p
Zwei Act' hin - durch geb' ich nicht nach, doch ach, im drit - ten werd' ich
fz
p
112
A.
f
schwach: da öff - net plötz - lich sich die Thür; o weh, mein Mann, was wird aus
cresc.

116
A.
lento a piacere
mir, ach!
Verzei-hung, flöt' ich, er ver-
mf
p
121
zeiht; ach,
zum Schluss-Tab-leau, da wei-nen d'Leut; ach,
126
ad libitum
Più mosso
ach
ja!
Più mosso
colla parte
f
131

No. 16 FINALE III
(highlights)

25
R.
Wei-ne, dem Kö-nig al-ler Wei-ne! Stimmt ein, stimmt ein, stimmt ein! Die
TUTTI
Stimmt ein, stimmt ein, stimmt ein!
Stimmt ein, stimmt ein, stimmt ein!
Stimmt ein, stimmt ein, stimmt ein!
32
R.
Ma - je - stät ist an - er - kannt, an - er - kannt rings im Land, ju - belnd wird Cham -
37
R.
pag - ner, der Er - ste sie ge - nannt. Die Ma - je - stät wird an - er - kannt,
Die Ma - je - stät wird an - er - kannt,
Die Ma - je - stät wird an - er - kannt,
Die Ma - je - stät wird an - er -

Ende der Operette.
End of the operetta.

Engraving: Wieslaw Novak

MUSIC MINUS ONE
50 Executive Boulevard
Elmsford, New York 10523-1325
800-669-7464 (U.S.)/914-592-1188 (International)

www.musicminusone.com
e-mail: mmomusicgroup@musicminusone.com

MMO 4075

Printed in Canada